慕われる人の習慣

レス・ギブリン＝著
弓場隆＝訳

ダイヤモンド社

HOW TO BE PEOPLE SMART

by

Les Giblin

序文

これは「便利な人」や「都合のいい人」になるための本ではない。

実際、それとはまったく違う。

本書は「人に慕われる技術」に磨きをかけるためのマニュアルだ。

その内容を実践した人たちは、口をそろえてこう言う。

「**心を開いて良い人間関係を築き、充実した人生を送りたいなら、このマニュアルを座右におくべきだ。**そのなかで紹介されているアドバイスは、多くの奇跡をもたらしてくれる」

これは人生の質を飛躍的に高める絶好のチャンスである。

ぜひこの機会を最大限に活用してほしい。

レス・ギブリン

賢者は人の上に立たんと欲すれば、
人の下に身をおき、
人の前に立たんと欲すれば、
人の後ろに身をおく。
かくして、賢者は人の上に立てども、
人はその重みを感じることなく、
人の前に立てども、
人の心は傷つくことがない。

――老子

はじめに　人間関係の達人になるために

「人に慕われる」よりも有意義なことはない

本書の主な目的は、「人に慕われる技術」を磨くことである。この技術をしっかりマスターすれば、すぐにそのすばらしい恩恵を受けることができる。

「人に慕われる技術」の意味を具体的に表現すると、次のようになる。

・人の気持ちがわかるようになる
・人の心をつかむすべが身につく
・人とうまくかかわれるようになる

どんな表現を使おうと、「人に慕われる技術」を磨くことはきわめて重要である。実際、それよりも有意義な目標を見つけることは難しいくらいだ。

「人に慕われる技術」を磨けば、公私にわたり大きな支援と好意を得ることができる、と多くの成功者が断言している。

「人に慕われる技術」には、さまざまな要素が含まれる。

・人々を統率する能力

・商品を売り込む技術
・部下を管理する能力
・個性
・人間的魅力

これらはすべて「人に慕われる技術」である。

「人に慕われる技術」をかなり高いレベルにまで磨き上げている人は、200人に1人程度だと推定されている。あなたはこれからその1人になる。

必要なのは、このプログラムに従い、心を開き、より多くの習慣を身につけて、より多くの恩恵を受ける準備をすることだ。

慕われる人が受ける15の恩恵

心理学者たちによると、成功と幸福に最も重要なのは知性や学歴、体力ではなく、人とどれだけうまくかかわることができるかであり、この技術を磨けば、仕事や家庭で大きな成果が上がるという。

その理由は、「人に慕われる技術」が万人に適用できるからだ。それによって受ける恩恵は多岐にわたる。たとえば次のようなことがそうだ。

①収入が増える

②友人が増える

③周囲から認められる

④名声が得られる

⑤人々に受け入れられる

⑥人々に称賛される

⑦昇進を果たす

⑧自信がつく

⑨深い満足感が得られる

⑩その他大勢から抜け出すことができる

⑪人間関係のストレスが減る

⑫安心感が増す

⑬物心両面で豊かな生活が送れる

もちろん、⑭**成功**と⑮**幸福**が手に入ることは言うまでもない。

人に慕われる技術が乏しい4つの理由

世間一般の人々の「人に慕われる技術」を100点満点で評価すると、平均的な人で10点から15点、優秀な人でも25点から30点程度と推定される。

本書で伝授する習慣を検証して、それがふだんの生活ではほとんど生かされていないことがわかれば、私の主張が真実であることがすぐに理解できるはずだ。

では、なぜ人々のスコアはこんなに低いのだろうか？

1 学校のカリキュラムに「人に慕われる技術」が含まれていない。

2

「人に慕われる技術」をマスターするためには、自分が持っている人間の本性をコントロールする必要がある。これはたゆまぬ努力を必要とするから、たえず自分を戒めなければならない。

3

人とうまくやっていくことについて訓練を受けた人たちの大半が、実際にその知識を活用するときに失敗する。

そういう人たちは、本書を読むと、「そんなことはもうわかっている」という反応を示す。大切なのは、「その知識をしっかり活用しているか？」と自分に問いかけることだ。

4

役に立つのは知識そのものではなく、その知識を活用することである。それをしっかり認識している人はほとんどいない。

何を知っているかではなく、知っていることをどれだけ活用するかが成否を分ける。

必要なのは人間関係のシンプルな基本のみ

「人に慕われる技術」を磨くと、どんな恩恵が受けられるかを十分に認識している人は、ほとんどいない。その恩恵はたんに理論上のことではなく、実際に手に入れることができるものばかりだ。

ほとんどの人は、「人に慕われる技術」を磨くことがどんなにたやすいかを知らない。

必要なのは人間の本性に対する理解と、すぐに実行できるシンプルな習慣だけである。

「人に慕われる技術」にたけた人は、その他大勢の人とは決定的に違う。具体的なことについては、これから説明しよう。

本書の目的は、リーダーシップやセールスの技術に関する最新トレンドを紹介することではない。本書で紹介しているのは、長年にわたる経験と洞察にもとづく証明済みの普遍的な技術である。

本書は人とのかかわり方の基本の習得をめざしている。

なぜなら、これこそが「人に慕われる技術」を磨いて恩恵を受けるための近道だからだ。

アメリカンフットボールの伝説の名監督、ヴィンス・ロンバルディは成功の秘訣を尋ねられ、こう答えた。

「抜きん出るために大切なことの大部分が〝基本の習得〟によることを、私は早くから学んだ。フットボールの基本とは、ブロックとタックルだ。私のチームは何度もブロックとタックルを練習した。フットボールの試合では、最も基本が徹底できているチームがたいてい勝利を収める。だから私のチームはたいてい勝利を収めた」

基本の習得というシンプルな哲学を実践することによって、彼は史上最も成功した指導者の一人となり、フットボールの殿堂入りを果たした。

ポーランド出身の有名なピアニスト、アルトゥール・ルービンシュタインは超一流のピアニストになるための秘訣を尋ねられ、「私がつねに実践しているように、毎日1時間ずつ音階の練習をすることだ」と答えた。

この言葉がどれほど深い意味を持っているかを理解する最良の方法は、この世界的なピアニストが演奏する曲の難しさを知ることだ。

「知っている」ことに満足してはいけない

知識　＋　活用　＝　成功

成功を手に入れるこの証明済みの公式を活用するためには、まずその知識を習得する必要がある。

とはいえ知識そのものには価値がない。習得した知識は活用してはじめて価値を持つ。

本書には3つのメリットがある。

1　あなたが知らない「人に慕われる技術」を学べる。
2　あなたが学んだ「人に慕われる技術」を覚えて強化できる。
3　学んだ知識を活用して大きな恩恵を受けることができる。

本書を読むだけでは十分ではない。これは段階的な行動計画であり、少しずつ向上していくために、たえずこの技術を磨いていこう。

あらゆる欠点を直す唯一の効果的な方法

アメリカ建国期の政治家で「万能の天才」と呼ばれるベンジャミン・フランクリンは、「自分を改造するために何年間も努力したが、徒労に終わった」と自伝に記している。

そこである日、自分の欠点だと思うものをすべて書き出してみた。

たとえば、かんしゃく、イライラ、思いやりのなさ、などなど。

彼はそのなかで最大の問題だと思うものを選んだ。自分をより良い人間にしようという漠然とした決意をするのではなく、自分の最大の欠点を見極めて直す努力をしたのである。

そして、欠点をひとつずつ選んで順に直していく作業に取り組んだ。

その結果、自分に損失をもたらしていた多くの欠点を、1年以内に次々と直すことができた。


あなたにどんな欠点があるかは知らないが、すべての人と同様、あなたにも欠点があるに違いない。

前述のエピソードの要点は、フランクリンが自分の欠点を直す唯一の効果的な方法をみごとに示したことだ。

すなわち、自分の多くの欠点をすべて一度に直そうとするのではなく、ひとつずつ直していくということである。

これから「人に慕われる技術」をひとつずつ読み進めていくことになるが、その際、余白に要点や自分の考えを簡潔に書きとめるといい。メモをとりながら自分の考えを記入することで、本書を自分のニーズに合ったものにカスタマイズすることができる。

各章末のチェックリストは進歩の度合いや、次の習慣に取り組む前に自分の状態を確認するのに役立つ。

各章を読み終えたら、□の中に✓印をつけて振り返ろう。

そのたびに人間関係の達人に一歩ずつ近づくことができる。

教育とは、人々が知らないことを教えるのではなく、
実例を示すことによって、
人々が道をひらくのを手伝う作業のことである。

——ジョン・ラスキン（イギリスの美術評論家、社会思想家）

慕われる人の習慣◉目次

第2章 相手の自尊心を高める習慣

第3章　相手に賛同する習慣

第4章　聞き上手になる習慣

第5章　相手の心を開く習慣

第8章　相手をほめる習慣

第1章

人と話すときの習慣

人とうまくコミュニケーションをとる能力は、
一生の宝物となる最高の技術のひとつである。

——ミラード・ベネット（アメリカの講演家）

人生で成功を収めるための最も重要な秘訣

人とうまくコミュニケーションをとる能力は、人生で成功を収めるうえで最も重要な秘訣のひとつである。

まず、大切なことから説明しよう。

「人に慕われる技術」は人間の本性に対する理解からはじめる必要がある。この技術を磨くために最初にしなければならないことは、人間をあるがままに認識することだ。

これはあたりまえのように思えるかもしれないが、ほとんどの人はそれを実行していない。つまり、私たちは他人に対して客観的になりきれていないのだ。

その理由が人間の本性をよく理解していないからか、それについて深く考えたことがないからか、思い違いをしているからか、人間関係について幻想を抱いているからかはわからない。いずれにしろ、それは「人に慕われる技術」を磨くうえで大きな障害となる。

人々が大きな関心を抱く22の項目

人間をあるがままに認識するためには、人々が何に対して大きな関心を抱いているかについて知っておかなければならない。それを列挙しよう。

愛　楽しみ　お金　食べ物　安らぎ

衣服　地位　安全　教育　旅行

余暇　家庭　家族　親戚　友人
自分　平和　自由　宗教
仕事　政治　スポーツ

22項目からなるこのリストは、ほとんどの人が関心を抱いていることがらである。価値観は人によって千差万別だが、これらの多くが私たちの関心事であることは間違いない。

ただ、このリストを入念に検証すると、どれかひとつが抜きん出ることに気づくはずだ。

あなたはすでにそれを選んでいるかもしれない。

たとえまだ何も選んでいなくても、きっと次の指摘に賛同することだろう。

全人類に共通する最大の性質とは？

人々の最大の関心事は、「自分」である。

どのようなことであれ、人はそれが自分にとってどんな利益があるかを知りたがる。

これは今も昔もつねに人間の本性の第一の基本原則だ。

大多数の人がこの点で共通していて、例外はめったにない。

私たちは全人類に共通するこの性質について、恥じたり謝ったりする必要はない。神が人間を創造したとき、自分の利益を追求する性質を持つように設計したからだ。

この性質をよく理解することが、「人に慕われる技術」を磨くための秘訣である。さっそく、それを日常の会話に応用し、活用すべき言葉と内容を上手に選ぼう。

あまり使ってはいけない言葉

⬇私、私の、私のもの

もっと頻繁に使うべき言葉

⬇あなた、あなたの、あなたのもの

具体的に紹介しよう。

- 「これはあなたのためのものですよ」
- 「あなたはこれで利益を得ることができます」

・「あなたのご家族も恩恵を受けることができますよ」
・「あなたにとって、これはとても役に立ちます」

人の心の「金庫」を開けるために使うべき言葉

あなたは金庫を開けたいのだが、その金庫はカギがかかっている。

もし金庫を開けることに成功すれば、大きな利益を得ることができる。

ここに2通りの番号がある。

一方は金庫をすんなり開けることができるので、あなたは確実に利益を得る。

他方はいくらがんばっても金庫を開けられないのだが、困ったことに、あなたはその番号をたいへん気に入っている。

とはいえ、もし「金庫を開けるためにどちらの番号を使うか？」と尋ねられたら、当然、「もちろん正しい番号だ」と答えるはずだ。

人の心を開くことは、金庫を開けることに似ている。人の心を開くためには、自分が気に入っている言葉ではなく、相手の心を開く正しい言葉を使う必要があるからだ。

人とかかわるとき話題にするべき、たったひとつのこと

ある言葉は相手の心を開き、別の言葉は相手の心を閉ざしてしまう。人をひきつけるには、相手の心を開く言葉を使う必要がある。

「あなた」「あなたの」「あなたのもの」という言葉を使うと、相手は心を開いてくれるが、「私」「私の」「私のもの」という言葉を使うと、相手は心を閉ざしてしまう。

つまり、相手はあなたの都合では動いてくれないということである。

相手が動いてくれるのは、あなたが相手の都合を考慮したときだ。


ほとんどの人は自分本位なやり方で人とかかわる傾向がある。

一方、「人に慕われる技術」にたけた人は、相手の利益を中心にして人とかかわる。


人とかかわるときは、相手が最も関心を抱いていることについて話そう。それは相手のことだ。

つまり、相手のことについて話をすることが重要なのだ。たとえば、相手の仕事、相手の家族、相手の幸福、などなど。

ただし、それは相手のことを詮索するという意味ではなく、あくまでも相手の利益を中心にして人とかかわるという意味である。

「話をしていて楽しい」と思われる人の習慣

あなたにはつねに2つの選択肢がある。

［選択❶］ ほとんどの人と同様、自分が話したいことについて話す。ただし、その内容は相手にとってあまり関心を持てないことである可能性が高い。

［選択❷］ 話をしていて楽しいと思ってもらえる人になる。

たとえば、誰かと話をしているとしよう。

あなたは自分の成功や天気、第三者について話をすることもできるが、相手について話をすることもできる。

相手といっしょに相手について話をするとき、あなたは相手が目を輝かせ、笑みを浮かべ、すっかり打ち解けて、「あなたと話していると楽しい」と言ってくれることに気づくはずだ。

ここで大切なのは、あなたが相手の関心をひくことに成功したことである。

相手が自然と話し出すひとこと

では、どうすれば相手に自分自身のことを話させることができるのだろうか?

それには2つの有効な方法がある。

1 相手に意見を求める。

・「これについてどう感じますか?」
・「これをどう思いますか?」
・「その結果に満足していますか?」

2 相手にその人自身についての質問をする。

・「休暇は楽しかったですか?」
・「最近、仕事はどうですか?」
・「お体の調子はいかがですか?」

あなたが相手について話すよりもっといいのは、相手が自分自身について話すように仕向けることだ。

人は自分の好きなテーマについて話していると気分がよくなり、その結果、あなたに好意的になってくれるだろう。

第1章まとめ

「人に慕われる技術」は、人間の本性を理解することからはじまる。

人を理解するためには――

1 人間をあるがままに認識する。

2 人は多くのことに関心を抱いている。

3 だが、人が最も関心を抱いているのは自分自身のことである。

人と話をするときは――

1 自分のことばかり話さないように心がける。

2 相手を中心にした話題にする。

3 相手が最も関心を抱いているテーマである相手自身について話すようにする。

4 もっといいのは、相手が自分自身について話すように仕向けることである。

「人に慕われる技術」にたけた人は、相手の意見を聞き、相手に自分のことについて話をさせる。

慕われる人の習慣チェックリスト 1

人と話す

これからの1週間、チェックした習慣からひとつを選んで集中して取り組もう。

- □人々の最大の関心事がその人自身であることをつねに肝に銘じる
- □自分について話す機会を減らし、相手のことについて話す機会を増やす
- □相手の利益を中心にして話す
- □相手に意見を求める
- □相手が自分自身について話すように仕向ける

第2章

相手の自尊心を高める習慣

少しばかりの配慮があれば、
みんなが気分よく過ごすことができる。

――シェイクスピア

慕われる人は「人間の本性」を知り尽くしている

「人に慕われる技術」は、人間の本性を理解し活用することにもとづいている。

人間の本性は、激しい川の流れや海の波にたとえることができる。それを理解し活用することが、「人に慕われる技術」を磨くことなのだ。

1924年から1932年までのあいだ、ウェスタン・エレクトリック社のイリノイ州にあるホーソン工場の従業員を対象に、ある実験がおこなわれた。大学の研究者たちが、さまざまな労働条件や環境が組み立てラインで働く人たちの生産性にどのように影響を与えるかを調べたのである。

会社が報奨金を払うと、生産性は上がった。再び報奨金を払うと、生産性は再び上がった。さらに報奨金を払うと、生産性はさらに上がった。

次に、報奨金の支払いをやめるとどうなるかという実験がおこなわれた。

最初に報奨金の支払いをやめると、生産性は再び上がった。再び報奨金の支払いをやめると、生産性はまた上がった。さらに報奨金の支払いをやめると、生産性はさらに上がった。作業台を高くし、椅子を低くし、照明を暗くしても、生産性が上がった。

労働者たちにヒアリングを実施して彼らの意見や不平に耳を傾け、研究者が現場で作業をしている人たちに関心を向けたことが、生産性に最も大きな影響を与えたことがわかった。

最終的に、この実験は人々の自尊心を高めることと良い人間関係の大切さを示すすばらしい実例となった。

労働者たちはたえず会社の状況を知らせてもらい、自分の意見を言う機会を与えてもらったので気分をよくし、調査をおこなった研究者たちを喜ばせようとしたのだ。

つまり、相手の気分をよくすればするほど、相手はあなたを好きになり、あなたの期待に応えようとするのである。

人々を駆り立てる原動力

人間の持つ欲求のなかで最大の特徴は、「自己保存」である。つまり、自分の命が危険にさらされたときに、生きつづけたいという欲求が前面に出るのだ。

とはいえ、それはそんなによくあることではない。私たちが実際に命の危険にさらされる、あるいはそのように感じるのは、たぶん一生にわずか数回程度である。だが、そのような事態になったとき、私たちの生存本能はすぐに前面に出る。お金や所有物、外見などはかまっていられない。ただ、自分の身の安全が守られればいいのだ。

とはいえ、このような特徴が前面に出ることはめったにないから、私たちのごく日常的な欲求が自己保存の次に重要性を持つ。

ところが、私たちの欲求の第二の特徴が何なのかをしっかり理解している人はほとんどいない。

それは、「自分は重要な存在であり、大切に扱われていると感じたい」という欲求である。

つまり、「自分は重要な存在だと感じたい」という欲求が、日常的な場面で人々を駆り立てる原動力となるのだ。それを理解し実践すれば、人間関係の達人になれる。

あまりにも単純明快な人間的魅力のカギ

すべての人が自分を重要な存在として扱ってほしいと願っている。

重要感を持たせると、人は喜んで動いてくれる。

重要感とは、自分が重要な存在だと感じることだ。

相手を立てると、相手はあなたを好きになる。

ところが、「私が、私が……」と自分のことばかり主張すると、相手はひいてしまう。

自分を前面に出すと、相手に重要感を持たせることができないから、相手はあなたを避けようとする。

しかし、相手に重要感を持たせると、相手の自尊心を高めることができる。誰にとっても、自尊心はきわめて大きな意味を持っている。

その理由は、**すべての人が「自分は重要な存在だ」と感じたがっていて、誰かに大切に扱われると、自尊心を高めることができる**からだ。

人々が自分の気分をよくさせてくれる人に好意を抱くのは不思議ではない。実際、相手の自尊心を高めることが、人間的魅力のカギなのだ。なんと単純明快なことだろうか！

相手の自尊心を高める６つの習慣

では、どうすれば相手の自尊心を高めることができるだろうか？

1 相手の話にしっかり耳を傾ける

話を聞くことは、相手の自尊心を高めるための最高の方法である。**相手の話に耳を傾けると、相手が重要な存在だから話を聞いているのだと思わせることができる。**

つまり、相手に敬意を示し、意見を尊重していることを知らせているのだ。

当然、これは相手を喜ばせるから、相手の自尊心を高める。その結果、相手はあなたに好意を抱き、あなたの言うことをよく聞く。

たいていの場合、あなたがじっと相手の話を聞いているだけで、相手はあなたに好意を抱く。逆に、相手の話を聞かないなら、相手は大切に扱われていないと感じる。誰もが「自分は重要な存在だ」と感じたがっていることを思い出そう。

2 相手をほめる

人はみな自分が称賛に値すると思っているとき、ほめてもらうのが大好きだ。

社会学者によると、それはすべての人を駆り立てる基本的欲求だから、誰もが自分をほめてくれる人に好意を抱くのは当然だという。

これは自然な反応であるだけでなく、もっと大事なことがある。多くの人は日常生活でほめられることがめったにないのだ。

しかし、それはその人にほめられるだけの価値がないからではなく、相手を称賛する気持ちを誰も言葉で伝えようとしないからだ。

ほとんどの人は自分のことばかり考えているから、相手のことをあまり高く評価していない。人々の会話をよく聞けば、相手をめったにほめていないことに気づくはずだ。

「人に慕われる技術」にたけた人は、何かを求める際に、まず心を込めて相手をほめてから要望を伝えるように心がけている。

このやり方はつねに功を奏する。これこそが人間関係の極意である。

3 相手の名前をできるだけ頻繁に口に出す

相手の名前を会話の最初の数分間に10回ほど言って、相手とのつながりをつくろう。

「やあ〇〇君、今日の調子はどう？」
「〇〇君、会えてうれしいよ」
「どうぞ座ってください、〇〇さん」
「〇〇さん、とても元気そうだね」
「〇〇君、ご家族のみなさんはお元気？」

おわかりだろうか。

私たちはみな単なる集団の一部としてではなく、個人として大切に扱われたいと願っている。

私たちを一人の個人と感じさせてくれるものといえば——自分の名前だ。

相手の名前を言う場合と言わない場合の違いに注目しよう。

おはよう。 ⬇ おはよう、〇〇君。
ありがとう。 ⬇ ありがとう、〇〇さん。
どういたしまして。 ⬇ どういたしまして、〇〇君。

人は自分の名前を見聞きすると、大切に扱われていると感じる。
だから、人は机の上にネームプレートをおいたり、イニシャル入りのキーホルダーを持ったりするのである。

何かを話すときは相手の名前を言い、会話のなかでも相手の名前を何度も繰り返そう。

4 相手の質問に答える前に少し間《ま》をおく

誰かが質問してきたとき、それに対して答える前に数秒間だけ間をおこう。

これは心理的に絶妙な効果があり、繊細な力学が働く。**答える前に少し間をおくと、相手の自尊心を高めることができる。**相手の質問をじっくり検討しているという印象を与えて、相手を立てることができるからだ。

逆に、すぐに答えると、それとは正反対のことをしてしまう結果になる。相手の質問を十分に検討していないという印象を与え、相手を軽んじることになるからだ。必ずそうなるとはかぎらないが、そんな危険をおかす必要はない。

数秒間、間をおいてから自分の意見を言うことは、相手の言っていることに耳を傾け、相手を尊重していることを伝えるためのすぐれたテクニックである。

5 相手を待たせていることに配慮する

相手を待たせていることに配慮している気持ちを伝えよう。すぐに折り返し電話をするか返信を書こう。もし自分に決定権がないなら、電話か手紙かメールで途中経過を説明しよう。

相手を気づかうとき、あなたは相手を重要な存在とみなしている。人は自分を気づかってもらっていることがわかると、信頼を寄せてくれるものだ。

6 相手の話をする

自分のことばかり話していると、相手を軽視しているような印象を与えてしまう。一方、相手の話をすると、相手に重要感を持たせ、その人の自尊心を高めることができる。

第2章まとめ

人間の欲求の最大の特徴は「自己保存」だが、次に大きな特徴は「重要な存在でありたい」という欲求だ。だから、相手に重要感を持たせれば持たせるほど、相手はあなたを好きになり、快く対応してくれる。

相手を重要な存在とみなし、次のことを実行して相手の自尊心を高めるための気づかいをしよう。

1 相手の話にじっくり耳を傾ける。

2 心を込めて相手をほめる。

3 会話のなかで相手の名前を何度も口にする。

4 答える前に少し間をおく。

5 相手を待たせていることに配慮する。

6 自分の話よりも相手の話をする。

慕われる人の習慣チェックリスト 2

相手の自尊心を高める

これからの1週間、チェックした習慣からひとつを選んで集中的に取り組もう。

- □相手の話にじっくり耳を傾ける
- □心を込めて相手をほめる
- □相手の名前を何度も口にする
- □相手の質問に答える前に少し間をおく
- □相手を待たせていることに配慮する
- □自分のことより相手のことについて話す

第3章

相手に賛同する習慣

人生の勝者と敗者を分けるのは、
知識がどれだけあるかではない。
自分が知っていることをどれだけ実行するかである。

——成功についての洞察

慕われる人が身につけている最高の習慣

さまざまな「人に慕われる技術」のなかで、すばらしくシンプルで、これ以上のものはない技術がひとつある。それは、相手に賛同する技術だ。

ぜひこの技術を身につけよう。

賛同するのは利口な人にしかできない

たとえ相手が間違っていると思っても、賛同しよう。

これは非常に大切なことだ。その昔、ある賢者が「反論するのは愚か者でもできるが、賛同するのは利口な人にしかできない」と言った。

カスタマーサービスの有名なスローガンに「お客さまはつねに正しい」というのがある。それを参考にして、たとえ相手が間違っていても、賛同しよう。

賛同すると、相手を気分よくさせて相手の自尊心を高めることができる。

前章で述べたとおり、自尊心を高めることは、すべての人の基本的欲求であり重要なニーズでもある。それを手伝ってあげれば、そのお礼として、相手はあなたを好きになり、快い対応をしてくれる。

これは単純明快な原理だ。すなわち、あなたは相手に賛同し、相手はあなたに快い対応をする。

したがって、相手に賛同する技術は、人に慕われるための不可欠な条件であるといえる。

相手に賛同する言葉を、うなずきながら口に出す

相手に賛同する技術は、たんに愛想よく振る舞うことではない。相手に賛同していることを身ぶりと言葉で伝える技術がある。**うなずきながら「はい、そのとおりですね」「私もそう思います」という魔法の言葉を使うと、相手の心をつかむことができるのだ。**

それと反対のパターンを考えるといい。首を横に振りながら相手に異議を唱えたら、相手が不快感を抱いて反発するのは当然である。

もちろん、賛同することが不可能な場合や現実的でない場合もあるだろう。

しかし、大半の反論は不要であり、実際は自己中心的な利害の衝突にすぎない場合のほうが多い。

だからといって、心にもないことを言ったりプライドを捨てたりして、自分の信念や原理原則を曲げるべきだということではない。自分の信念や原則に反するときは、はっきりと言うべきである。

しかし、反論はたいてい不要であり、人間関係を円滑にするうえで、相手に賛同する技術はきわめて重要な役割を果たす。

相手に反論するよりしないほうが、得るものがずっと多い。

反論する前に、それが本当に必要かどうか考えてみよう。

反対意見を言いたがる人が陥る落とし穴

賛同する技術が効果的な理由は3つある。

1 人々は自分に賛同してくれる人を好む。

2　人々は自分に反対する人を嫌う。

3　人々は反論されるのをうっとうしく感じる。

この方針がいつも功を奏するとはかぎらないが、たいていうまくいくことは確かであり、より大切なのは、賛同する技術がそれ以外の方法よりうまくいくということだ。

次の質問について考えてみよう。

あなたは大金を小銭と交換するだろうか？

もちろん、そんなことはしないはずだ。

反対意見を言うと、一時的にわずかな自己満足に浸れるかもしれないが、相手に嫌われて損をするおそれがある。

要するに、人々は自分に賛同してくれる人を好きになり、反対する人を嫌いになり、反論されるのをうっとうしく感じるものなのだ。

いったいなぜだろうか？

答えは簡単。人間とはそういうものなのだ。

「慕われる人」と「敬遠される人」の決定的な違い

相手に賛同する習慣については、すでに説明したとおりである。

では、この章の締めくくりとして、もし自分が間違っていることに気づいたらどうすべきかについて説明しよう。

自分が間違っていることに気づいたら、「私は間違っていました」とか「私のミスです」と言おう。

素直に間違いを認めるのは、謙虚な人でないとできない。**素直に間違いを認めることによって、人々の尊敬と称賛を得ることができる。**結局、それが最も大事なことなのだ。

2人の正反対の人物がいるとしよう。Aさんは間違いを犯したとき、いつも次の3つのことのうち1つをする。すなわち、言い訳をする（「仕方がなかった」）、ウソをつく（「私はやっていない」）、責任逃れをする（「私のせいではない」）、である。

こんなことでうまくいくはずがない。人々はAさんを軽蔑し、Aさんは多くのものを失った。

自分が間違っていたことを素直に認めれば信頼を回復できたのだが、変なプライドが邪魔をしてそれができなかった。

一方、Bさんは「人に慕われる技術」を身につけていたから、間違いを犯したら素直に認め、人望を集めてリーダーになった。

人はみな、「私は間違っていた」「私はミスを犯した」と自分の非を認めるだけの精神的な強さと高潔な人格を持っている人を称賛する。

第3章まとめ

「人に慕われる技術」には、相手に賛同する技術が含まれる。このスキルはきわめて単純明快である。

1 人にはたんに愛想よく接するだけでなく、積極的に賛同しよう。

2 賛同していることを身ぶりと言葉で相手に伝えよう。

3 たとえ賛同できなくても、どうしても必要でないかぎり、異議を唱えるべきではない。

4 自分が間違っていると気づいたら、言い訳をしたり、ウソをついたり、責任逃れをしたりせずに、素直に認めよう。

慕われる人の習慣チェックリスト 3

相手に賛同する

これからの1週間、チェックした習慣からひとつを選んで集中的に取り組もう。

- □自然に愛想よく振る舞うようにする
- □相手に賛同するときは、うなずきながら「そのとおりです」「私も賛成です」と言う
- □絶対に必要な場合を除いて、なるべく反論しない
- □自分が間違っていたら素直に認める

第4章

聞き上手になる習慣

人をたたえる最も誠実な方法は、
相手の話に耳を傾けることである。

――ジョイス・ブラザーズ（アメリカの心理学者）

聞き上手が受ける3つの恩恵

相手の話に耳を傾けることは、2つの意味で大切である。それは人づきあいのうえで最大の価値があるだけでなく、仕事では不可欠だからだ。

相手の話に耳を傾けるスキルは大きな武器になる。**話しているときよりも聞いているときのほうが、人間関係を円滑にすることができるからだ。**

相手の話に耳を傾けることがもたらす恩恵には、次のようなものがある。

・相手の話を聞けば聞くほど好かれる。

・相手の話を聞けば聞くほど賢くなる。話すことよりも聞くことによって、多くのことを学べるからだ。あなたは自分の知識に相手の知識を加えることができる。つまり、2人の頭のほうが1人の頭よりもいいということだ。
大富豪のシド・リチャードソンは「なぜいつも黙っているのか?」と尋ねられたとき、「自分が話しているかぎり、何も学ぶことができないからだ」と答えた。

・相手の話を聞けば聞くほど会話が上手になる。相手が話しているのを聞くとき、あなたは相手が自由に話す機会を与えている。相手の話を聞くことは会話の重要なポイントであり、相手の自尊心を高めて感謝される。

以上のように、聞き上手であることのメリットはとても大きい。

聞き上手になるコツ

聞き上手になるための5つのコツを紹介しよう。

1 相手が話し終わるまで相手を見つづける

聞き上手であることは偶然ではない。それなりの努力が必要だ。

あなたは耳だけでなく目も使うべきだ。聞く価値のある相手は、見る価値もある。

耳と目の両方で「聞く」と、次のようなことが起こる。

- 相手に敬意を払っていることが伝わる。
- 相手の話を聞いていることを明確に示すことができる。
- 言葉によるコミュニケーションと言葉によらないコミュニケーションの両方が同時にできるから、相手が言っていることの全体像がつかめる。

話している相手を見ることとは、「人に慕われる技術」の重要なポイントである。

2 相手のほうに身を乗り出し、じっと耳を傾ける

相手の話に興味を抱き、ひと言も聞き漏らすまいとしているという

印象を与えよう。

相手のほうに身を乗り出すと、誠実さが伝わって相手の心をつかむことができる。

相手のほうに身を乗り出すことは、「人に慕われる技術」の重要なポイントである。

3 質問をする

相手に質問すべき理由は2つある。

まず、自分が熱心に聞いていることを知らせることができる。

次に、質問は相手に対する賛辞の一種である。

質問をすることは、意見を述べることより好ましい。

相手への質問はきわめてシンプルなものでいい。

- 「それで、どうなったのですか?」
- 「どのくらい時間がかかりましたか?」
- 「どうやって結果を出したのですか?」
- 「それをもう一度やってみたいですか?」

こんなふうに質問すると、相手はあなたが興味を持っていることを知って気分をよくする。

4 話を途中でさえぎらず、話題を勝手に変えない

相手の話を途中でさえぎるのは、聞くことに関する最もありがちな間違いである。

相手の話を途中でさえぎるのは必ずしも意図的ではなく、それをや

っている本人が気づいていないことがある。

人は話を途中でさえぎられると気分を害し、さえぎった人に反感を抱きやすい。

話題を勝手に変えるのも、話を途中でさえぎるのと同じことだ。

相手の話を途中でさえぎったり話題を勝手に変えたりすることは、たいへん失礼な行為である。

「人に慕われる技術」を磨くうえで、相手の話を途中でさえぎったり、話題を勝手に変えたりするのは要注意である。

その解決策は、より辛抱強くなることだ。

5 会話するときは、自分ではなく相手に意識を向ける

相手のことに意識を向けると、相手をひきつけることができる。自

分のことにばかり意識を向けると、相手は離れていく。

だから、話すときは自分を中心にするのではなく、相手を中心にしよう。

会話のなかで相手に意識を向け、「あなた」を主語にして話すことは、「人に慕われる技術」の基本のひとつである。

第4章まとめ

聞く技術を身につけると大きな財産になる。相手の話に耳を傾けると、次の3つの恩恵が受けられる。

1 ますます好かれる。
2 ますます知識が増える。
3 ますます話し方がうまくなる。

上手に聞くための5つのコツ

1 相手が話し終わるまで、相手を見つづける。
2 相手のほうに身を乗り出し、じっくり聞く。

3 適切な質問をして会話をうまくつづける。

4 話を途中でさえぎったり話題を勝手に変えたりしない。

5 自分ではなく相手に意識を向け、「あなた」を主語にして話す。

慕われる人の習慣チェックリスト 4

聞き上手になる

これからの1週間、チェックした習慣からひとつを選んで集中的に取り組もう。

□相手が話しているときに、その人の目を見て話を聞く
□相手のほうに身を乗り出して耳を傾ける
□相手に適切な質問をする
□相手の話を途中でさえぎったり話題を勝手に変えたりしない
□自分のことより相手のことについて話す

第5章

相手の心を開く習慣

相手の心の深みに届いて
苦悩を癒す快い響きとは何か？
それは温かい励ましの言葉である。

――ラルフ・ワルド・エマーソン（アメリカの思想家）

心を開かせて人を動かす最大の秘訣

人に慕われると、自分がしてほしいことを相手にしてもらうことができる。そのためには単純明快な論理を人間の本性に適用する必要がある。

人に慕われることに成功するには、大きな秘訣がある。この秘訣を実践すれば、あなたは人に慕われる技術をすぐに上達させることができる。

人の心を開き、人を動かすためには、まず相手が何を欲しているかを見極めなければならない。

料理で苦労することのひとつに、牡蠣《かき》の殻を開けることがある。

やり方を知らないと、牡蠣の殻を開けるのは大仕事だ。力が足りなかったり、力のかけ方が間違っていたりすると殻は開かない。

また、ハンマーを使うと牡蠣は砕けてしまう。

しかし、慣れている人は、手際よく牡蠣の殻を開けることができる。

人に慕われるのも、それとよく似ている。

人の心を開く方法を知り、その方法を適切に用いれば、人に慕われるのは簡単である。

しかも、それによって受ける恩恵は、はかり知れないほど大きい。

相手が欲しているものを見極める

何が人を動かすかを知ったら、次はどうすれば人は動くかを学ぶ必要がある。

まず、相手が何を欲しているかを見極めよう。次に挙げるうちのどれだろうか？

名声　評価　安心
満足　優越感　自尊心
お金　友情　好意

周囲を見渡してみよう。思いつくかぎりの友人や知人について考えてみると、人はみな、服装や食事、趣味、信条、ライフスタイルなど多くの点で異なっていることに気づく。

したがって、人に慕われるためには、まず相手が何によって動くのかを見極める必要がある。

当然、人を動かす要因は、各人によって異なる。

人々はさまざまな理由で何かをしたり、しなかったりする。

相手が何を欲しているかがわかれば、相手を動かす方法がわかる。

ただ問題は、私たちは自分が欲しているのと同じものを相手が欲しているると思い込む傾向があることだ。

だが、それではうまくいかない。

どの人にも、固有の価値観や願望、好みがあるからだ。

そこで、相手が欲しているものや、相手がどんな人物なのかを見極める必要がある。

相手の願望を利用して人を動かす

有力な政治家について考えてみよう。彼らは多くの票を得るために、自分に投票することが人々の利益になると約束するか、そのような印象を与えて有権者を動かす。

具体的には、労働者と話すときは労働問題を取り上げ、経営者と話すときは経営戦略を論じ、高齢者と話すときは高齢者の利益について語り、農家の人たちと話すときは農家の利益を強調する。

言い換えると、政治家は自分が欲しいものを相手の利益に合わせて働きかけているのだ。

これは私たちの日常生活でも同じことである。

人に何かをしてほしいなら、それが相手の利益にもなるように配慮しなければならない。

相手の関心をひく話題を追求しよう。

相手が聞きたがっていることを言おう。

相手を動かすために、その人の願望を活用しよう。

相手の関心事に興味を示し、賛同し、つながりをつくると、人に慕われるのがどんなに簡単か驚くはずだ。具体的に説明しよう。

(相手の性格)		(相手の関心事)
見栄っ張りな人	⬇	目立つこと
慈悲深い人	⬇	他人の幸せ
プライドが高い人	⬇	自分の功績
チームプレーヤー	⬇	協調性
倹約家	⬇	コスト削減と効率追求
心配性	⬇	安心感

認められたい人　➡　世間の承認

人に慕われるスキルとは、相手の関心事に合わせることである。

相手が求めているものを見極める簡単な方法

相手が何を求めているかをどうすれば見極められるだろうか？

じつは、相手の価値観、欲求、好みを見極めるのは、そんなに難しいことではない。相手に質問をすればいいのだ。

たとえば、こんな質問が効果的である。

- 「あなたは仕事に何を求めていますか？」

・「あなたは人生に何を求めていますか？」
・「あなたは何を最も大切にしていますか？」

相手の答えに耳を傾けよう。そうすれば、相手が求めているものがわかる。

相手をよく観察しよう。相手は言葉よりも行動で多くのことを伝えている。

人間をじっくり研究しよう。人間というものは、興味の尽きない魅力的なテーマだ。

人に慕われるには、次の４つの視点を大切にしなければならない。

1　相手に意識を向ける

2　相手に質問をする
3　相手の話に耳を傾ける
4　相手をよく観察する

私たちが以上のことをあまり実践していないのは、相手のことを気づかっていないからか興味を持っていないからだ。

その結果、「人に慕われる技術」があれば受けられる多くの恩恵を逃してしまっている。

相手を納得させる「第三者のテクニック」

人を納得させるには、第三者の言葉を交えて話すと効果的である。
これは適切な方法でおこなえば、説得力が増す。

何らかの主張をするとき、それをたんに自分の言葉で言うのではなく、第三者の言葉を交えて自分の主張を展開するといい。

これを「第三者のテクニック」と呼ぶ。

「私の考えとしては」
「私の意見では」
「私の印象は」

と、

「専門家の○○さんが言うには」
「新聞に書いてあったように」
「テレビで見たのですが」

の違いに注目しよう。

人々はあなたの主張には疑いを抱いても、第三者の意見なら信じる可能性が高い。

人気作家は自分の本が名著かどうかを尋ねられると、「私は名著だと思う」とは答えず、第三者のテクニックを使って「30万人以上がこの本を読んだ」という答え方をする。

同様に、一流のセミナー講師は自分のセミナーが有意義かどうかを尋ねられると、「約３００社から継続的に依頼を受けている」という答え方をする。

第三者のテクニックを使う３つの方法

第三者のテクニックは次の３つの方法で使うと効果的だ。

1 第三者の発言を引用する

- 「評価鑑定サービスで知られるスミス社によると、それは市場で最も高品質だそうです」
- 「専門家のビル・ジョーンズ氏は、この新素材こそが決め手だと断言しています」
- 「配偶者に先立たれたアンダーソン夫人は、生命保険のおかげで安心して暮らせると語っています」

2 第三者の成功体験を語る

- 「ジャクソン社はその商品を発売して最初の1週間で8000ドル以上を売り上げました」
- 「あなたのご近所の方は、そのアイデアで1万ドルを稼ぎました」

3 事実と数字を使う

・「10万人以上の方々にこの製品をご愛用いただいております」
・「当社はご友人やご近所の方、約100名と取引をさせていただいております」

自分の有利なように何かを言うと、相手はそれを疑いたくなる。これは人間の本性だから仕方ない。

しかし、第三者の発言を使うと信頼性が増し、相手はそれを受け入れやすくなる。

第三者の発言を使うと、それが客観的根拠となって相手を納得させることができる。

信頼性が高まる話し方のコツ

第三者のテクニックを使うと、信頼性がぐんと高まる。

その結果、より信頼され、説得力を増し、主張が受け入れられやすくなる。

【例❶】もし自分の車を1万ドルで売りに出し、買い手がその金額に異議を唱えたら、どう言えば説得できるだろうか？

△私は1万ドルが適正価格だと確信しています。

○実際、中古車の情報誌には、この車が1万1000ドルで売り出されていますし、中古車センターでは、これより性能の低い車が1万800ドルで売られています。

【例❷】自分の家を20万ドルで売りたいのだが、買い手は17万ドルしか出さないと言っているなら、どう言えば説得できるだろうか？

△この家と同じぐらいの他の家を入念に調べましたが、これは妥当な価格です。

○2週間前にこの家を不動産屋に査定してもらったところ、20万ドルを超えていました。

当然、どちらの例でも後者のほうがいい。

第三者のテクニックを使って自分の主張を裏づけよう。**他人の発言、成功事例、客観的な数字と事実をうまく使うと効果的である。**

第5章まとめ

人に慕われることは、自分ではなく相手にとって何が大切かを見極めることからはじまる。

1 人をうまく動かすには大きな秘訣がある。

2 人に慕われるためには、まず何が相手を動かすかを見極めなければならない。

3 相手が何を求めているかを見極めるためには、相手に質問をし、話に耳を傾け、相手を研究すればいい。

4 相手を説得するためには、第三者のテクニックを使って話すと効果的である。

5 自分の言葉で言うよりも第三者の意見を引用したほうが、相手の疑いを取り除き、自分の主張を説得力のあるものにすることができる。

慕われる人の習慣チェックリスト 5

相手の心を開く

これからの1週間、チェックした習慣からひとつを選んで集中的に取り組もう。

□相手の欲求、好み、価値観、ニーズを見極めることによって、つながりをうまくつくる
□相手の話に耳を傾け、相手に質問をし、相手を研究する
□第三者のテクニックを使って説得力を増し、相手が納得しやすくする

第6章

相手に「イエス」と言わせる習慣

相手の意思決定をうながす能力ほど難しく、
価値のあるものはない。

——ナポレオン・ボナパルト（フランスの皇帝）

究極の「人に慕われる技術」を身につける

「人に慕われる技術」には、相手の意思決定をうながす能力も含まれる。あなたにとって良い決定をしてほしいなら、偶然の幸運や相手の気まぐれに頼ってはいけない。

「人に慕われる技術」にたけた人たちは、相手に「イエス」と言わせる技術を身につけている。

相手に「イエス」と言わせることは、好意的な意思決定をしてもらうことを意味する。

相手に「イエス」と言わせることは、究極の「人に慕われる技術」である。

「人に慕われる技術」を飛躍的に高めるための、とても楽しいテクニックを紹介しよう。

相手の意思決定をあやつる４つのテクニック

1「イエス」と言う理由を相手に与える

大半の行動には理由づけが必要だから、相手に何かをしてほしいなら、それをするだけの理由を与えればいい。

適切な理由を与えると、相手はあなたがしてほしいと思っていることをしてくれる可能性が高くなる。

ただし、相手に与える理由は「自分の理由」ではなく「相手の理由」であるように配慮しなければならない。

「相手の理由」というのは、相手にそれ相応のメリットがあることを示すという意味だ。

相手の理由の具体例

- 「こうすれば、お金が貯まりますよ」
- 「このやり方なら、きっとあなたの利益になるはずです」
- 「これであなたは、すてきな人に出会えますよ」

「イエス」と言う理由を相手に与える最適なタイミングは、相手が意思決定をしつつあるときだ。

好意的な決定をしてもらうためには、タイミングが成否を分ける。

相手がまさに意思決定をするときに「相手の理由」を示すと、それがたいてい決め手になる。

すでに「相手の理由」を伝えているのに、まだ相手が迷っているようなら、その理由を繰り返すか新しい理由を言えばいい。

2「イエス」と言いたくなる質問をする

あなたなら次の質問にどう答えるだろうか？
おそらくこんなふうなやりとりになるはずだ。

Q 楽しく過ごしたいですよね？
A はい、もちろんです。
Q ご家族には幸せになってほしいですよね？
A はい、もちろんです。

「イエス」と言いたくなる質問をすると、うまくいく理由は明らかである。相手を「イエス」と言いたくなる心理状態にすれば、頼みごとに対しても「イエス」と言ってくれる確率が高まるからだ。

人々は何度か「イエス」と言ったら、次の提案や要望に対しても「イエス」と言う可能性が高くなる。

「イエス」と言いたくなる質問は使っていて楽しいし、実際にうまくいくので、ますます楽しくなる。

「イエス」と言いたくなる質問をするときに使うべき重要なスキルは2つある。

質問をしながらうなずくことと、相手に焦点をあてて質問をすることだ。

たとえば、次のように質問すると効果的である。

・「もっとお金を稼ぎたいですよね？」
・「楽しみながらできる仕事をしたいと思いませんか？」
・「つねに臨機応変に対応することが大切ですよね？」

3 相手に2つの選択肢から選ばせる

いずれの質問に対しても、相手が「イエス」と答えてくれるように、質問の仕方を工夫するといい。具体例を紹介しよう。

・相手に残業してほしいとき
「残業してほしいのだけれど、今晩と明晩のどちらが都合がいいか教えてくれないか？」
・面会の予約を取りつけるとき
「ぜひお会いしたいのですが、明日の午前と午後なら、どちらがいいでしょうか？」

いずれにしても、答えは「イエス」である。

2つの選択肢から1つを選ぶように質問の仕方を工夫すると、相手はどちらを選んでも、あなたの要望をかなえることになる。

先ほどの例で説明すると、まずい質問の仕方は「残業してほしいのだが、明晩はどうだろうか？」である。

この質問に対しては、「ノー」という答えが返ってくる可能性が非常に高い。

4 期待されていることを相手に伝える

誰かに何かをしてほしいとき、「イエス」と言うように期待されていることを相手に伝えよう。

自分が引き受けることを期待されているという理由で、動いてくれる人がたいへん多いことにあなたは驚くだろう。

たとえば、こんな伝え方が効果的だ。

- 「当然、すばらしい活躍をして成果を上げ、報奨金を手に入れたいですよね」
- 「あなたはチームの一員として、会議に参加することを期待されていますよ」

期待度の高さを相手に力強くはっきりと伝えると、「イエス」という答えが返ってくる可能性はぐんと高くなる。

このテクニックがいつもうまくいくとはかぎらないが、たいていうまくいくし、それ以外の方法よりもうまくいく。ぜひ試してみて、自分で確認してほしい。

相手に「イエス」と言ってもらうための以上の4つのテクニックは、「人に慕われる技術」の代表例である。

「人に慕われる技術」にたけた人になるためには、それらのテクニックを実際に使って練習する必要がある。偶然の幸運や相手の気まぐれに頼ってはいけない。

実際、この4つのテクニックは、一流のセールスマンが契約をまとめるために使って成果を上げている。

彼らはこの技術を使って顧客に「イエス」と言わせ、商品を買ってもらっているのだ。

この章で紹介した4つのシンプルなテクニックを積極的に使おう。知識を活用することによってはじめて、「人に慕われる技術」に磨きがかかることを覚えておこう。

第6章まとめ

自分に好意的な意思決定を相手にくだしてもらうには、偶然の幸運や相手の気まぐれに頼ってはいけない。

相手に「イエス」と言ってもらうための4つのテクニックを、ここでおさらいしよう。

1 「イエス」と言うべき適切な理由を相手に与える。

2 「イエス」と答えたくなる質問を何度かして、相手を「イエス」と答えたくなる心理状態にする。

3 相手に選択肢を示し、2つの「イエス」から選ばせる。

4 相手が「イエス」と答えるように期待されていることを知らせる。

慕われる人の習慣チェックリスト 6

相手に「イエス」と言わせる

これからの1週間、チェックした習慣からひとつを選んで集中的に取り組もう。

- □「イエス」と言う適切な理由を相手に与える
- □「イエス」と答えたくなる質問をし、相手を「イエス」と言いたくなる心理状態にさせる
- □相手が「イエス」と答える2つの選択肢を与える
- □相手が「イエス」と言ってくれると期待していることを、相手に知らせる

第7章

良い雰囲気をつくる習慣

悲観主義者はあらゆるチャンスに困難を見いだし、
楽観主義者はあらゆる困難にチャンスを見いだす。

——ローレンス・ピアセル・ジャックス（イギリスの哲学者）

人は相手の行動に合わせて反応する

たいていの場合、どんな人間関係でも最初の数秒がその雰囲気を決定づける。

人間の本性の第一の基本原則は、人の最大の関心事は「自分」にあるということだったが、第二の基本原則は、人は相手の行動に合わせて反応する傾向が強いということだ。

もしあなたが相手を友好的な気分にさせる能力を持っているなら、相手を意のままに動かせる可能性がぐんと高まる。

コツをつかみさえすれば、良い雰囲気をつくって相手を友好的な気分にすることは、そんなに難しくはない。

相手と目を合わせた瞬間にやるべきこと

さらに、タイミングがすべてだということを忘れないでほしい。相手の気分を決めるのは、あなたが相手とかかわる最初の瞬間である。なぜなら、たいていの場合、第一印象がその人との関係の基本的な傾向を決めるからだ。

良い人間関係をつくる最高の極意を紹介しよう。それを実行すると、10人のうち9人を友好的で協力的にすることができる。

相手と目を合わせた最初の瞬間、何も言わずに心を込めてほほ笑むのだ。

そうすれば、相手も同じように好意的に反応してくれる。

これこそが、相手の心をつかむ最も確実で迅速で簡単な方法だ。
誰にとっても、このシンプルな習慣はたいへん重要である。

この習慣を実践しないなら、相手を友好的な気分にさせるのに膨大な労力と時間がかかってしまうことだろう。
だが、この習慣を実践すれば、たった1秒で目的を果たすことができる。

何かを言う前に、まずほほ笑むことを覚えておこう。
挨拶する前にほほ笑むことは、何よりも効果的だ。
次の法則を肝に銘じよう。
冷たく接すると、相手は心を閉ざす。
温かく接すると、相手は心を開く。

第7章まとめ

たいていの場合、相手と出会って最初の数秒間が、その人との関係の基本的な傾向を決定づける。

1 人間は相手の行動に合わせて同じように反応する傾向がある。この法則に従えば、たった1秒で10人中9人を友好的で協力的にすることができる。

2 相手と目を合わせた瞬間、何かを言う前に心を込めてほほ笑もう。そうすれば、相手はたいてい好意的に反応してくれる。

慕われる人の習慣チェックリスト 7

良い雰囲気をつくる

これからの1週間、チェックした習慣からひとつを選んで集中的に取り組もう。

□誰かに何かを言う前に、心を込めてほほ笑む
□人が相手に合わせて同じように振る舞う傾向があることを、心に刻んでおく
□「冷たく接すると相手は心を閉ざし、温かく接すると相手は心を開く」という法則を肝に銘じておく
□より親切で思いやりのある人になるために努力する

第8章

相手をほめる習慣

この世で生きていくうえで大切なのは、
他人を見下したり、けなしたりすることではなく、
他人をいたわり、尊重することである。

――ジョン・ラスキン（イギリスの美術評論家、社会思想家）

相手に「心の栄養」をふんだんに与える

「人はパンのみにて生きるにあらず」という格言がある。人間は肉体に栄養を与えるために食物を必要としているが、心に栄養を与えることも必要であるという意味だ。

ほめてもらったときにどんな気分になったか、覚えているだろうか。その気持ちがどれほど長くつづいたか思い出してほしい。ときには数日間つづいたはずだ。

この種の経験で得られる大きな利益とは何だろうか?

それは、あなたと同様、誰もがほめられると気分をよくするということだ。

ほめ言葉を惜しまず、大いに人をほめよう。

相手もあなたも、いい気分がしばらくつづくはずだ。

あなたが人をほめる技術を実践すれば、ほめられた人たちも同じようにあなたをほめてくれるに違いない。

ほめ言葉は、すべての人が求めてやまない「心の栄養」である。それは人に喜びを与え、人をひきつける。

人を上手にほめることを覚えれば、「人に慕われる技術」を磨くことができる。


人に好かれ、友達を増やし、気くばりができる人になりたいなら、相手の長所を探して具体的にほめよう。

ただし、ほめ言葉にも細心の注意が必要である。

人をほめるときに気をつけるべきこと

自分が言ってよかったと思えることで、言われてうれしいと相手に思ってもらえることを言おう。

ほめ言葉は、相手が恥じていることや悔やんでいることに対してかけてはいけない。

また、ほめ言葉は心のこもったものにしよう。

実際、昔からどの専門家も「人をほめるときの絶対条件は誠実さだ」と力説している。

心がこもっていないなら、人をほめてはいけない。心がこもっていないほめ言葉なら、言わないほうがましだ。

心がこもっていないほめ言葉は、相手への侮辱とみなされかねない。

ほめ言葉を連発していても、不誠実なためにいやがられている人はたくさんいる。

ほめ言葉は適切に使えば効果的だが、不適切に使えば反感を買うおそれがあるから要注意だ。

相手自身ではなく相手の行動をほめよう。

相手自身をほめると、

- 相手に恥ずかしい思いをさせる
- 相手がとまどうことがよくある
- えこひいきしていると周囲から非難されかねない

一方、相手の行動を具体的にほめると、以上のような事態を避けて、相手の意欲をさらに高めることができる。

△スミスさん、あなたはすばらしい人ですね。
○スミスさん、あなたの仕事ぶりはすばらしいですね。

△ジョーンズさん、あなたはいい人ですね。
○ジョーンズさん、協力してくれたので助かりました。

大きな勝利を生み出す小さな習慣

プライベートだけでなく仕事にも使える幸せの公式を紹介しよう。
毎日、少なくとも3人に、心のこもったほめ言葉をかけるのだ。
それを習慣にすれば、他の何よりも大きな見返りが得られる。

相手がうれしそうにしている様子を見ると、あなた自身もうれしくなるからだ。

これこそが人生における大きな勝利のひとつである。

あなたは相手をほめることによって相手の自尊心を高め、気分よくさせることができる。この経験の積み重ねは、大きな恩恵をもたらしてくれる。

だから、はじめるのは早ければ早いほどいい！

第8章まとめ

自分がほめてもらったときにどう感じたかを思い出しながら、次のことについてよく考えてみよう。

1 すべての人は食物によって肉体に栄養を与える必要があるだけでなく、心を豊かにするほめ言葉を必要としている。

2 ほめ言葉を惜しまず、大いに人をほめよう。

3 ただし、ほめ言葉は心がこもったものでなければならない。

4 相手自身をほめるのではなく、相手の行動をほめよう。

5 幸せの公式を活用しよう。毎日、少なくとも3人に心のこもったほめ言葉をかけ、その人が喜んでいる様子を見て自分も喜びに浸ろう。

慕われる人の習慣チェックリスト 8

相手をほめる

これからの1週間、チェックした習慣からひとつを選んで集中的に取り組もう。

□ほめ言葉を惜しまない
□心を込めて人をほめる
□相手そのものではなく具体的な行動をほめる
□毎日、少なくとも3人をほめて幸せな気分に浸る

第9章

上手に指摘する習慣

批判は諸刃《もろは》の剣《つるぎ》である。
悪い批判はこの上もなく忌まわしい結果となり、
良い批判はこの上もなくすばらしい結果を生む。

——チャールズ・カレブ・コルトン（イギリスの聖職者、作家）

言いにくいことをうまく伝える７つの技術

すべての道具のなかで最も鋭利なものは、人間の舌である。
だから、人と接するときは言葉に気をつけなければならない。

効果的に相手のミスを指摘できるかどうかは、そこに込められた気持ち次第である。それが結果を大きく左右する。

もし相手に説教しようとか強制しようという傲慢な気持ちで指摘するなら、相手はたいてい反感を抱く。

だが、もし相手の助けになろうという誠実な気持ちなら、これから紹介する７つの方法が効果的である。

1 相手と2人きりで指摘する

相手のミスを指摘するときは必ず1対1でおこなうようにし、周囲の人への見せしめにしてはいけない。

あなたの行為は善意によるものであり、建設的な方法でおこなわれなければならないからだ。

人前で恥をかかせてメンツをつぶすような状況に相手を追い込んではいけない。

1対1でミスを指摘するかぎり、そうなる可能性はない。

ただし、数人のグループに対して事前の警告の意味で注意する場合は、個人攻撃にならないように配慮し、人ではなく特定の行動を取り上げて指摘することが大切だ。

2 ほめ言葉で前置きをする

すでに述べたとおり、最初の数秒が人間関係の傾向をほぼ決定してしまう。

この原理を応用して、相手に注意する前にほめ言葉で前置きをし、友好的な雰囲気をつくろう。

要するに、注意や批判をする前に、相手がそれを受け入れやすい状況をつくるのだ。

これは庭に草花の種をまく前に土を耕しておくのと似ている。つまり、注意や批判をする前に、相手をほめたり感謝の言葉を述べたりして土を耕しておくということだ。

具体例を紹介しよう。

- 君の最近の仕事ぶりはとてもすばらしい。ただ、気をつけてほしいのは……。

・協力してくれてありがとう。もしできれば……。
・手伝ってくれたことに感謝しています。そこで、ひとつお願いがあって……。

前置き言葉を使うというシンプルなテクニックは、相手のミスを指摘するときに大きな効果を発揮する。

3 個人攻撃にならないように配慮する

すでに述べたとおり、ほめるときは、人そのものではなく、その人の具体的な行動をほめるべきだ。

同じことがミスを指摘することについてもあてはまる。人そのものではなく、その人の具体的な行動に焦点をあてれば、たいてい好意的な反応が返ってくる。

相手の人格を攻撃するような言い方をしてはいけない。

よくないと思う相手の行動を目にしたときは、適切な言葉で指摘すべきだ。

具体例を紹介しよう。

×「君は我々の悩みの種だよ」

○「この程度の出来栄えでは、まだ改善の余地がありそうだね」

×「君は本当にダメだな！」

○「この仕事ぶりは、考え抜かれたものとは言えないね。君ならもっとうまくできるはずだ」

4 正しい方法を教える

相手の行動が間違っていることを指摘するなら、どうすればいいかを、親身になって丁寧に教えることが大切である。批判はつねに建設的なものでなければならないことを肝に銘じよう。

5 注意をするのは1回にとどめる

1回だけ指摘するのが最も効果的である。**直接的であれ間接的であれ、繰り返し指摘してはいけない。**繰り返すと、その指摘は相手の反感を買い、将来の行動の改善に結びつかない。

6 いきなり要求しない

まず協力を求めよう。

いきなり要求するよりも、協力を求めるほうが、相手は応じてくれやすい。人間とはそういうものだ。要求するのは最後の手段である。

7 友好的に締めくくる

最後の言葉は親愛の情にあふれたものにしよう。

一度指摘したら、その件は終わったとみなし、前を向いて進んでいくことを確認して、相手との人間関係を強化することに努めよう。これは7つの技術のなかで最も重要である。

第9章まとめ

効果的に相手のミスを指摘するうえでカギとなるのは、そこに込められた気持ちである。相手の助けになろうという気持ちで、以下の7つの技術を使って指摘しよう。

1 相手と2人きりの場所でおこなう。

2 ほめ言葉で前置きをする。

3 個人攻撃にならないように気をつける。人そのものではなく、具体的な行動を指摘しよう。

4 正しいやり方と解決策を教える。

5 注意するのは1回にとどめる。

6 要求するよりも、協力を求めるほうが相手は応じてくれやすい。

7 友好的に締めくくって、相手との関係を強化する。

慕われる人の習慣チェックリスト 9

上手に指摘する

これからの1週間、チェックした習慣からひとつを選んで集中的に取り組もう。

□他の人がいない場所で相手のミスを指摘する
□ミスを指摘するとき、まず相手をほめることを心がける
□相手の人格を攻撃するのではなく、相手の行動を指摘する
□正しいやり方と解決策を用意する
□ひとつの行為に対して一度だけ注意する
□いきなり要求するのではなく、相手に協力を求める
□友好的なムードで締めくくる

第10章

感謝を伝える習慣

どんなにすばらしい思いを抱いていても、
それを言葉にして相手に伝えなければ意味がない。

――ジェイムズ・ラッセル・ローウエル（アメリカの詩人、批評家）

「ありがとう」と言える重要な能力を身につける

「人に慕われる技術」では、小さなことが大きな違いを生む。

感謝の気持ちはきちんと相手に伝える必要がある。

それが道徳的に良いことだからとか正しいからというだけでなく、「人に慕われる」ことができるからだ。

相手にどれだけ感謝していても、心のなかで思っているだけでは意味がない。

だから、それを言葉で相手にはっきりと伝えよう。

人間の基本的欲求のひとつは、感謝されたいという欲求だ。

多くの人に欠けているのは、感謝の気持ちを相手に頻繁に伝えていないことである。

「ありがとう」という気持ちを伝える技術を身につけよう。

ただし、感謝の気持ちを伝えるには、それ相応の技術が必要だ。

ただたんに「ありがとう」と言うぐらいなら誰でもできるが、感じよく、絶妙なタイミングで、望みどおりの結果が得られるように感謝の気持ちを伝えることができる人は、めったにいない。

だから、上手に「ありがとう」と言う能力は非常に重要なのだ。

感謝を伝えるための5つのルール

すでに述べたとおり、感謝されたいという欲求は普遍的なものだから、上手に「ありがとう」と言うことによって、思いやりのある人間として振る舞うと同時に、相手の欲求を満たすことができる。

上手に「ありがとう」と言う技術は、大きな恩恵をもたらす。

上手に「ありがとう」と言うための5つのシンプルなルールを紹介しよう。

1 心を込めて「ありがとう」と言う

感謝を伝えるときは誠実さが大切だ。相手はあなたが誠実な気持ちで言っているかどうかをすぐに見抜く。

2 はっきりと「ありがとう」と言う

口ごもったり早口だったり小声で言ったりしてはいけない。「ありがとう」と言うのがうれしいという気持ちで言おう。

3

相手の目を見て「ありがとう」と言う

これには大きな意味がある。感謝する価値のある相手なら、目を合わせる価値があるからだ。

4

「〇〇さん、ありがとう」と、相手の名前を呼んで感謝の気持ちを伝える

名前を言うことで、あなたの感謝はその人にだけ向けられた特別なものになる。

5

努めて感謝する

困っているときや助けを必要としているときに助けてもらったら、

私たちは当然「ありがとう」と言うだろう。

さらに、とくに困っているわけではない通常の状況でも、明らかに感謝すべきことをしてもらったら、ほとんどの人はすぐに「ありがとう」と言うだろう。

しかし、感謝すべきかどうか明らかではない状況でも、時間と労力を費やして想像力を働かせ、感謝すべきことを見つけて「ありがとう」と言おう。

「ありがとう」と言わなくてもわかってくれているはずだと思って何も言わないのではなく、言葉できちんと感謝の気持ちを伝えることが大切だ。

努めて感謝するとは、そういう意味である。

また、目立たないところで重要な役割を果たしてくれている人たち（たとえばアシスタント、受付係、料理人、整備士）にも思いをはせ、感謝の気持ちを伝えよう。

「ありがとう」という気持ちを伝えるために時間と労力を惜しまないことが、「人に慕われる技術」を身につけている人とそうでない人の違いである。

第10章まとめ

自分の気持ちを相手が察してくれていると期待してはいけない。感謝の気持ちをはっきりと伝えよう。

上手に「ありがとう」と言うための5つのルールは次のとおりである。

1 心を込めて言う。

2 はっきりと言う。

3 相手の目を見て言う。

4 相手の名前を呼んで言う。

5 ささいなことにも感謝の言葉を述べる。

慕われる人の習慣チェックリスト 10

感謝を伝える

これからの1週間、チェックした習慣からひとつを選んで集中的に取り組もう。

□「ありがとう」と言うときに心を込める
□はっきりとした口調で「ありがとう」と言う
□相手の目を見ながら「ありがとう」と言う
□相手の名前を呼びながら「ありがとう」と言う
□ささいなことにも努めて「ありがとう」と言う

おわりに

おめでとう！

あなたはこのプログラムを最後までやり遂げ、自分と家族を助けるすばらしい知恵と能力を身につけた。これは大きな成果であり、一生にわたりその恩恵を受けることになるだろう。

すでに多くの人が本書で紹介した「人に慕われる技術」をたえず活用して、公私にわたり恩恵を受けている。あなたもこの技術を活用することに、それだけの価値があると気づくはずだ。

成功と幸運を祈る。

［著者］

レス・ギブリン（Les Giblin）

アメリカの心理カウンセラー、経営コンサルタント、講演家、著述家。1965年、全米セールスマン・オブ・ザ・イヤー受賞。セールスと人間関係のエキスパートとして知られ、1000回以上のセミナーを開催。人間の本質に関する深い洞察が好評を博す。クライアントはゼネラル・エレクトリック、ジョンソン・エンド・ジョンソン、モービル（現エクソンモービル）、PGAツアーなど多数。主な著書に『チャンスがやってくる15の習慣』『セールスの本質』（以上、ダイヤモンド社）、『人望が集まる人の考え方』（ディスカヴァー・トゥエンティワン）がある。

［訳者］

弓場　隆（ゆみば・たかし）

翻訳家。主な訳書に『「人の上に立つ」ために本当に大切なこと』（ダイヤモンド社）、『うまくいっている人の考え方 完全版』（ディスカヴァー・トゥエンティワン）、『一流の人に学ぶ自分の磨き方』（かんき出版）がある。

＊本書は小社から刊行した『「人を動かす」ために本当に大切なこと』（2017年初版刊行）を改題し、一部に修正を加えたものです。

慕われる人の習慣

2023年２月14日　第１刷発行

著　者——レス・ギブリン
訳　者——弓場　隆
発行所——ダイヤモンド社
〒150-8409　東京都渋谷区神宮前6-12-17
https://www.diamond.co.jp/
電話／03･5778･7233（編集）　03･5778･7240（販売）
装丁・DTP—轡田昭彦＋坪井朋子
校正————鷗来堂
製作進行——ダイヤモンド・グラフィック社
印刷————勇進印刷
製本————ブックアート
編集担当——林　拓馬

ISBN 978-4-478-11758-3